サイパー 国語読解の特訓シリーズ シリーズ三十八

十回音読と音読書写 甲

＊文章読解の基礎
＊これだけで国語力アップ

視・聴・話・写 2×2 Route＋1
「R3視話」と「R4視写」の訓練

難易度				
1 2 3	3 4 5	受験	↕	

「ロシアのおとぎ話」
原作・Valery.Carrick
翻訳・みずしまひろし

もくじ

「十回音読と音読書写」について ———— 2

このテキストのもっとも効果的な使い方 ———— 3

課題 ———— 8

解答 ———— 44

「十回音読と音読書写」について

音読（声を出して読むこと）をすることで、国語力が上がります。視力などに問題がない限り、一部（※）を除くほぼ全員の小学生が、正しい音読をすることで国語力を上げることができます。そのメカニズムについては、拙著『国語力のある子どもに育てる３つのルールと３つの方法』『「受験国語」害悪論』（共にディスカヴァー・トゥエンティワン刊）をご一読下さい。

音読の訓練を正しくしていただければ、それだけでかなり国語力を上げることができます。私たちの学習教室「エム・アクセス」では、そういう明確な結果を出し続けています。進学塾で低学年から長く国語の勉強をしているのに、あるいはお家で読解問題をたくさん解いているのに、なかなか国語の成績が（国語の成績だけが）上がらない子どもをお持ちの親御さんにとって、正しい音読の訓練は、おそらく「たったこれだけで？」というほどの、信じられない結果を出すでしょう。

日本では昔から「素読」といって、音読をする訓練がなされてきました。どの言語においても公教育における国語（語学）の授業では、音読は欠くべからざる重要な教授法の要素の一つです。文章を声に出して読むという行為が、国語力に大きな影響を与えていることは、ずっと以前から経験的にわかっていたことですし、近年ではその事実に科学的実証がなされてきています。

さらに音読をしながら、その文章を書き写す（音読書写）することは、より一層の効果があることもすでにわかっています。私のオリジナル「視・聴・話・写 ２×２ Route+1」の国語指導技術（語学指導技術）の一部を、本書にも用いています。

国語力に伸び悩みを感じている、あるいはもうかし、なんとか国語力を上げて合格を近づけたいとお考えの方は、ぜひこの「十回音読と音読書写」の訓練で、国語力の上昇を実感していただきたいと思います。

「サイパー国語読解の特訓シリーズ」編著　水島　醉

※　例えば京大の文系一次入試問題の現代文の読解問題を、初見で、６０〜７０％正解する小学生。エム・アクセスでは、珍しいことではない。

このテキストの最も効果的な使い方

1、【十回音読】…8ページの「課題1の①【十回音読】」の1~3行の文章（おとうりはったきならんだう？」）を十回音読します（回数は十回以上でもかまいません）。音読した回数だけ、ページ左はしの「①②③…」の部分に色をぬりましょう。（※「R3視話」の訓練）

ポイント①　十回続けて音読すること。疲れた場合は数分間の休憩をはさんでもかまいませんが、「今日5回、1日後に5回」などという方法では、効果が薄くなります。その時に連続して十回読みましょう。

ポイント②　必ず親御さん（など）がそばにいて、正しく読めているか確認して、正しく読み直しするよう指導してください。

例、「太郎は昨日、東京のおばさんの家に行きました。おばさんの家で…」

★「正しく読めているか」とは

A　読み間違いがないか。
「だろうがきのうとうきょうのおばあさんのうえくいきました。…」

B　句点「。」でしっかり区切れている（1息、間を空けられている）か。
×「…おばさんのうえにいきました。おばさんの…」
○「…おばさんのうえにいきました。（間）おばさんの…」

C　早口になっていないか。

D　ことばの発音が曖昧でないか。特に語尾の部分が消えていないか。
　　×「だろうは　きのう　とうきょうの　おばさんの　いえに　きま…」

E　文節以外の部分で区切っていないか。
　　×「だろうはき　のうとう　きょうの…」
　　○「だろうはきのう　とうきょうのおばさんのいえに…」

★「正しく読み直しする指導」とは

A　子ども「だろうが　きのう…」
　　親　　　「だろうが？」〈注1〉
　　子ども（あっ）「はきのうとうきょうの…」
　　親　　　「『は』だけ直さないで、少しもどってなおしましょう。」〈注2〉
　　子ども「だろうは　きのうとうきょうの…」

ひらがなの読み間違いのような単純なミスの時は、〈注1〉のように、まちがった部分をそのまま強調して読み直して、本人に気付かせるようにします。

〈注2〉のように、まちがいは、まちがったその部分だけ直すのではなく、意味の通じるところまで少し戻って、聞いている人によくわかるように、ということを心がけて読ませます。

B　子ども「だろうは　えーっと（漢字が読めない）」
　　親　　　「きのう」〈注3〉
　　子ども「きのう　とうきょうの…」
　　親　　　「まちがったところだけなおさないで、少しもどって読みましょう。」〈注4〉
　　子ども「だろうはきのう　とうきょうの…」

〈注3〉のように、漢字が読めないなどの場合は、すぐに正しい読みを教えてかまいません。

〈注4〉のように、まちがいは、まちがったその部分だけ直すのではなく、意味の通じるところまで少し戻って、聞いている人によくわかるように、ということを心がけて読ませます。

2．【音読書写】…【十回音読】をした翌日に、同じ文章を、声を出して読みながら、ノートに書き写しましょう。（※「R3視語」「R4視写」の訓練）

ノートおよび筆記用具をご用意ください。

ノートはマス目のもの、縦罫線のものをご使用ください。原稿用紙でもかまいません。マス目の大きさ、罫線の間隔は、子どもさんの書きやすいものを選んでいただければ結構です。

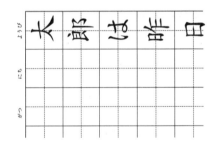 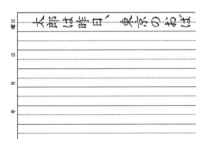

筆記用具は、筆圧をかけないで柔らかく書ける、濃いめの鉛筆がおすすめです。子供さんが使いやすいものをお選びください。子どもさんが使いやすければ、ボールペンや万年筆でもかまいません。

書きまちがった場合、その部分を抹消線で消して（例 まちがった部分）新たに書き直してください。鉛筆の場合はもちろん消しゴムで消してかまいません。

> 太郎は昨日、東北 東京の

あとから書きまちがいに気づいた場合、空いている所に正しいものを書き直してかまいません。

まだ習っていない漢字は、ひらがなで書いてもかまいません。

> たろうはきのう、東京のおばさんの家に行

ゆっくりでかまわないので、ていねいに書きましょう。

ポイント、声を出して読みながら、同時に手を動かしてそれを書いていくこと。声を出すのと書き写すのを、同時に行うことが大切です。

3、【問題演習】…続いて「課題1の③【問題演習】」をしましょう。

まず、前日に音読した8ページ「課題1の①【十回音読】」の文章を読みながら（黙読でもよい）、9ページ「課題1の③【問題演習】」の設問を解きます。その場で丸つけをしてあげてください。

この設問に対する回答は、「おおよそ」あっていれば「正解」としてあげてください。これは、音読によって内容が読み取れているかの確認で、点数を

けるためのテストではないからです。

まちがいはその場で直しをさせます。
あまりまちがいの多い場合は、もう1度十回音読をさせましょう。
およそ正解である、あるいは全部直しができたら、次に進みます。

4.【十回音読】…右の 3【問題演習】をした翌日(あるいは二日後)、一〇ページの「課題一の①【十回音読】」の15行の文章(ある秋の人歩いていきました。)を十回音読します。

以下、同様にこなしていきましょう。

　　◆　　◆　　◆　　◆　　◆

右のようなペースで「十回音読と書写」シリーズを続けていただくと、およそ三カ月ぐらいで、国語や読書の苦手な子どもたちでも、本人が「読める！」という手応えをつかみます。また、半年程度で、テストの成績など、目に見える形で効果が現れてくるでしょう。それほどこの【十回音読】と【音読書写】とを続けていただくことは、国語力を上げるのに、たいへん高い効果があります。※【十回音読】と【音読書写】とは、国語力を上げる重要な訓練の一つです。

※「R3視読」「R4視写」…国語オリジナル指導法「視・聴・語・写 2×2route+1」で用いている技法の1部です。「視(読む)」「聴(聴く)」「語(話す)」「写(書く)」の4つの機能と、それらをつなぐルートを鍛えることで、国語力が大幅に向上するという、水島醉の理論に基づくメソッドです。

※国語力を上げる高い効果を実感していただくためには、長文切り抜き問題(長い元文章の一部を切り抜いて、それに対して設問を与えている、よくある国語の問題集)をなさらないことをお勧めします。長文切り抜き問題は、国語力を上げないだけでなく、かえって国語力を低下させる可能性があるからです。

おんどりと豆

　おんどりは ある日、小屋のかくの下の土をひっかいていました。ア その時、ひとつの豆を 見つけました。
　おんどりは それを 飲み込もうとして、のどにつまらせて しまいました。のどが つまってしまったので、おんどりは 伸びて ひっくり返ってしまいました。息が できなくなってしまったのです。
　イ それを見た おかみさんは おんどりに かけよって 聞きました。
「おんどりさん、どうしたせんだい、どうしてそんなふうに ひっくり返っているんだい？ どうして 息が できないんだい？」

課題1の②【音読書写】　　　　　　　　　年　　月　　日

1、8ページの文章を、声を出して読みながら、ノートなどに正しく書き写しましょう。

正しく写せたら
色をぬりましょう

課題1の③【問題演習】　　　　　　　　　年　　月　　日

1、8ページ2行目のぼう線ア「その時」とありますが、「その時」とはいつのことですか。次の【　】に合うようにことばを考えましょう。

【　　　　　】が、【　　　　　】の【　　　　　】の下の【　　　　】を【　　　　　　　】時。

2、8ページ9行目のぼう線イ「それを見た」とありますが、何を見たのでしょうか。「…ようす。」につながるように、自分でまとめましょう。

ようす。

課題116① 【十回音読】　　　　　　　年　月　日

「豆つぶを のどに つまらせて しまいました。」
おんどりは 言いました。
「めうしの ところに 行って、バターを 少し もらってきて ください。」

◆　◆　◆

おかみさんは、めうしの ところに 行くと、言いました。
「めうしさん、めうしさん、バターを 少し 分けて ください。うちの おんどりが ひっくり返って、息を することが できません。豆つぶを のどに つまらせて しまいました。」
すると、めうしは 言いました。
「お百姓さんの ところに 行って、干し草を 少し もらってきて ください。」

読んだ回数まで色をぬりましょう

① ② ③ ④ ⑤ ⑥ ⑦ ⑧ ⑨ ⑩
⑪ ⑫ ⑬ ⑭ ⑮ ⑯ ⑰ ⑱ ⑲ ⑳

課題二の② 【音読書写】　　　　　　　年　　月　　日

1、10ページの文章を、声を出して読みながら、ノートなどに、正しく書き写しましょう。

正しく写せたら色をぬりましょう

課題二の③ 【問題演習】　　　　　　　年　　月　　日

1、10ページ3行目のぼう線ア「バター」はどうやって作りますか。調べたり、お家の方にうかがったりしてもよいので、まとめてみましょう。

それから、おかみさんは お百姓さんの ところ に 行くと 言いました。
「お百姓さん、お百姓さん、干し草を 少し 分けて ください！ 雌牛が バターを 私に くれるのに、干し草が 必要なんです。そして その バターは うちの おんどりに 必要なんです。うちの おんどりが ひっくり返って、息を する ことが できません。豆で のどを つまらせて しまいました。」
 すると、お百姓さんは 言いました。
「かまどの ところに 行って を 少し もらってきて おくれ。」

◆　◆　◆

 また それから、おかみさんは かまどの ところに 行くと 言いました。

課題三の②【音読書写】　　　　　　　年　月　日

1、12ページの文章を、声を出して読みながら、ノートなどに正しく書き写しましょう。

正しく写せたら色をぬりましょう

課題三の③【問題演習】　　　　　　　年　月　日

1、12ページ6行目のぼう線ア「バターはうちのおんどりに必要なんです。」とありますが、どうしてバターが必要なのですか。

2、12ページ11行目のぼう線イ「ペンを少しもらってきておくれ」とありますが、どうしておぼあ姓はペンが必要だったのでしょうか。自分で想像してこたえましょう。

課題四の①【十回音読】

「かまどさん、かまどさん、私に パンを 少し 分けて ください。お百姓さんが 干し草を 私に 分けて くれるのに、パンが 必要なんです。干し草は、めす牛が バターを 私に くれるのに 必要なんです。そして その バターは、うちの おんどりに 必要なんです。うちの おんどりが ひっくり返って、息を する ことが できません。豆を のどに つまらせて しまいました。」
すると、かまどは 言いました。
「きこりの ところに 行って、まきを 何本か もらって きて ちょうだい。」

◆　◆　◆

それから また おかみさんは きこりの ところに 行くと、言いました。

よく 読んだ 回数まで
色を ぬりましょう

① ② ③ ④ ⑤ ⑥ ⑦ ⑧ ⑨ ⑩
⑪ ⑫ ⑬ ⑭ ⑮ ⑯ ⑰ ⑱ ⑲ ⑳

課題四の②【音読書写】　　　　　年　　月　　日

１４ページの文章を、声を出して読みながら、ノートなどに、正しく書き写しましょう。

正しく写せたら色をぬりましょう

課題四の③【問題演習】　　　　　年　　月　　日

１４ページ１行目のぼう線ア「かまど」とはなんですか。言葉と絵で説明しましょう。（調べたりお家の方にたずねたりしてもよろしい）

言葉

絵

課題五の①【十回音読】

「きつりけん、きつりけん、まめを 分けて もらいな。かまどが パンを 私に 分けてくれるのに、まめが 必要なんです。パンは、お百姓さんが 干し草を 私に 分けてくれるのに 必要なんです。干し草は、め牛が バターを 私に くれるのに 必要なんです。そして そのバターは、うちの おんどりに 必要なんです。うちの おんどりが ひっくり返って、息を する ことが できません。豆を のどに つまらせて しまいました。」
すると、きつりは 言いました。
「アかじやに 行って、おのを もらってきて おくれ。おのが ないと 木は 切れないんだ。」

◆　◆　◆

それから それから、おかみさんは、かじやの ところに 行くと、言いました。

課題五の②【音読書写】　　　　　　　　　年　月　日

１、16ページの文章を、声を出して読みながら、ノートなどに正しく書き写しましょう。

正しく写せたら色をぬりましょう

課題五の③【問題演習】　　　　　　　　　年　月　日

１、16ページ１行目のぼう線ア「かじや」とはなんですか。（調べたり、お家の方にたずねたりしてもよろしい）

課題六の①【十回音読】

「かじやさん、かじやさん、私に ア おのを くだ さらない。きこりが まきを 私に 分けてくれる のに、おのが 必要なんです。まきは、かまどが 私に パンを 分けてくれるのに 必要なんです。 パンは、お百姓さんが 干し草を 私に くれるの に 必要なんです。干し草は、め牛が バターを 私に くれるのに 必要なんです。そして その バターは、うちの おんどりに 必要なんです。う ちの おんどりが ひっくり返って、息を する ことが できません。豆を のどに つまらせて しまいました。」

すると、かじやは 言いました。

「森へ 行って、炭を 焼いてきて お くれ。」

課題六の②【音読書写】　　　　　年　月　日

１８ページの文章を、声を出して読みながら、ノートなどに、正しく書き写しましょう。

正しく写せたら色をぬりましょう

課題六の③【問題演習】　　　　　年　月　日

１８ページ１行目のぼう線ア「おの」とはなんですか。言葉と絵とで説明しましょう。（調べたりお家の方にたずねたりしてもよろしい）

言葉

絵

課題七の① 【十回音読】

行って、森へ おかみさんは それから、 また また
それを かじやに 渡すと、かじやは おかみ 集めてきて、すみ炭を焼きました。そ
さんに おのを くれました。
おかみさんは その おのを きこりに 渡す
と、きこりは おかみさんに まきを くれました。
おかみさんが その まきを かまどに 渡す
と、かまどは おかみさんに パンを くれました。
おかみさんが その パンを お百姓さんに 渡す
と、お百姓さんは おかみさんに 干し草を くれました。
その 干し草を め牛に 渡すと、め牛は おか
みさんに バターを くれました。

① ② ③ ④ ⑤ ⑥ ⑦ ⑧ ⑨ ⑩
⑪ ⑫ ⑬ ⑭ ⑮ ⑯ ⑰ ⑱ ⑲ ⑳

色を ぬりましょう　読んだ 回数まで

課題七の② 【音読書写】　　　年　月　日

1、20ページの文章を、声を出して読みながら、ノートなどに、正しく書き写しましょう。

正しく写せたら色をぬりましょう

課題七の③ 【問題演習】　　　年　月　日

1、20ページ2行目のぼう線ア「炭を焼きました」とありますが、「炭を焼く」とは、どういう意味でしょうか。次の【　】に合う言葉を後の語群から選んで答えましょう。(調べたり、お家の方にうかがったりしてもよろしい。)

【　　】の斜面などに穴を掘って、そこに短く切った【あ　　】を入れて、下から熱をかけます。【あ】は、できるだけ【い　　】にふれないようにして熱をかけると、むし焼きといって、【あ】の中にある【う　　】などの成分だけを逃がしてしまい、炭素とよばれる【え　　】い成分だけが残ります。これを炭焼きと言います。残った【え】い成分が【お　　】です。【あ】をそのまま燃やすと【う】が出ますが、【お】を燃やすと【う】が出ず、炎も上がらず、か【　　】く光って熱だけ出します。

| 語群 | 黒 | 赤 | 山 | 木 | 炭 | けむり | 空気 |

課題への①【十回音読】

　おかみさんが その バターを おんどりに 渡すと、おんどりは バターを 口に 入れました。 そして いっしょに 豆を ごくんと 飲み込みました。のどを つまらせていた 豆が するっと とれたのです。
　おんどりは 飛び上がって 喜んで、「コケコッコー！」と 鳴きました。

　ぐるりぐるりと まわりまわって、みんなが たすけてくれた おかげで、おんどりは たすかったのでした。
　みんな しんせつで よかったね。

　おしまい。

課題八の② 【音読書写】　　　　　　　年　月　日

一、22ページの文章を、声を出して読みながら、ノートなどに、正しく書き写しましょう。

正しく写せたら色をぬりましょう

課題八の③ 【問題演習】　　　　　　　年　月　日

一、おかみさんはおんどりをたすけるために、いろいろな所へ行って、またおんどりのところに帰ってきました。おかみさんがおんどりの所を出てからまたおんどりの所に帰るまでに、どのような順で、だれの所へ行きましたか。

おんどり　（のどをつまらせた）

⇩　⇧

[　　　　　　　　　　　]

⇩　⇧

[　　　　　　　　　　　]

⇩　⇧

[　　　　　　　　　　　]

⇩　⇧

[　　　　　　　　　　　]

⇩　⇧

[　　　　　　　　　　　]

⇩　⇧

おかみさんが炭を焼く

ききみみずきん

　むかしむかし、ある ところに、「ひきの ヤギ
と 一ぴきの ひつじを 飼っている ア夫婦が
いました。

　ある日、おかみさんは 男に 言いました。
「ちょっと こっちへ 来て おくれ。ひつじと
ヤギを 放して しまわないかい？ なぜかって？
こいつらは、わたしたちの とうもろこしを 食べ
る ばかりで、ちっとも 役に 立たないじゃ
ないか。」
　そこで 男は ヤギと ひつじに 言いました。

課題九の②【音読書写】　　　　　　　　　　年　月　日

１、２４ページの文章を、声を出して読みながら、ノートなどに、正しく書き写しましょう。

正しく写せたら色をぬりましょう

課題九の③【問題演習】　　　　　　　　　　年　月　日

１、２４ページ２行目のぼう線ア「夫婦」とありますが、だれとだれのことですか。文中の言葉を書きぬいて答えましょう。

（「書きぬき」「ぬき書き」「そのまま」などと指示されている場合は、文中よりさがして、一字一句そのまま書かなければなりません。漢字は漢字、ひらがなはひらがな、カタカナはカタカナのまま。句読点（、や。）が途中にある場合はそれも書きます。）

２、２４ページ５行目のぼう線イ「ひっとヤギを放してしまわないかい？」とありますが、おかみさんはどうしてそんなことを言ったのですか。

課題十の① 【十回音読】

「アヤギと ひつじ、ここから 出て行って くれないか。そして 二度と わたしたちの 前に すがたを 見せないで おくれ。」

◆　　◆　　◆

こうして ヤギと ひつじは 荷物を まとめて 出て行くことに なりました。ヤギと ひつじが どんどん 歩いていると、突然 野原の 真ん中に オオカミの 頭が 落ちているのが 見えました。ヤギと ひつじは オオカミの 頭を ひろうと、自分たちの 荷物袋に 入れ、また 歩き続けました。すると、突然 むこうの 方に、火の 燃えているのが 見えました。ヤギと ひつじは 言いました。
「オオカミたちに 食べられないように、あそこに 行って、火の そばで 夜を すごそう。」

① ② ③ ④ ⑤ ⑥ ⑦ ⑧ ⑨ ⑩
⑪ ⑫ ⑬ ⑭ ⑮ ⑯ ⑰ ⑱ ⑲ ⑳

読んだ回数まで色をぬりましょう

課題十の②【音読書写】　　　　　年　　月　　日

一、26ページの文章を、声を出して読みながら、ノートなどに、正しく書き写しましょう。

正しく写せたら色をぬりましょう

課題十の③【問題演習】　　　　　年　　月　　日

一、26ページ1行目のぼう線ア「キキひつじ、ここから…」はだれが言った言葉ですか。

二、26ページ5行目のぼう線イ「次のそばで夜をすごそう」とありますが、どうしてキキひつじはそう考えたのでしょうか。

ヤギとひつじが 家につくと、そこには オオカミたちがいて、オートミールがゆを 煮ているところでした。オートミールがゆは、「えん麦」という麦でつくった おかゆのことです。

ヤギとひつじは 言いました。

「こんばんは、オオカミさんたち。おいしそうな食事ですねー。」

すると オオカミたちは 言いました。

「これは これは、こんばんは、ヤギさんとひつじさん。ちょうど オートミールがゆを 煮ているところなんですよ。こっちへ 来て 少し あたりなさい。そうしたら、その あとで、わたしたちが あなたたち ふたりを 食べてしまおうじゃ ありませんか。」

課題十一の②【音読書写】　　　　　　　　　　　年　　月　　日

1、28ページの文章を、声を出して読みながら、ノートなどに正しく書き写しましょう。

正しく写せたら色をぬりましょう

課題十一の③【問題演習】　　　　　　　　　　　年　　月　　日

1、28ページ1行目のぼう線ア「なんてこんでしょう!」には、どんな気持ちが表されていますか。

2、28ページ2行目のぼう線イ「そこ」とはどこですか。文中より書きぬいて答えましょう。

(「書きぬき」「ぬき書き」「そのまま」などと指示されている場合は、文中よりさがして、一字一句そのまま書かなければなりません。漢字は漢字、ひらがなはひらがな、カタカナはカタカナのまま。句読点(、や。)が途中にある場合はそれも書きます。)

これには、ヤギは おがえ、いっぽう ひつじは と 言うと、もう さむけど から おそろしくて 足を ガタガタ ふるわせて いたのでした。そこで ヤギは 考え始めました。考えて 考えて、ついに 口を 開きました。
　「アナタサン、ひつじさん、あなたの にもつの ふくろに 入っている オオカミの 頭を 見てみようじゃ ありませんか！」
　ひつじは オオカミの 頭を 取り出しました。
　すると、ヤギは 言いました。
　「ちがいます。イそれじゃ ありません。それより 大きい 別の ものを 出して ください！」
　すると ひつじは もう一度 同じ ものを ヤギに 渡しました。
　しかし ヤギは 言いました。

課題十一の② 【音読書写】　年　月　日

一、30ページの文章を、声を出して読みながら、ノートなどに正しく書き写しましょう。

正しく写せたら色をぬりましょう

課題十一の③ 【問題演習】　年　月　日

一、30ページ6行目のぼう線ア「せんせい、ひつじさん…ありませんか。」とありますが、「ナギ」はどういう考えで、このようなことを言ったのでしょうか。「ナギ」の考えたことを、想像して答えましょう。

二、30ページ11行目のぼう線イ「それ」とは何ですか。次の【　】に合うように、文中の言葉をそのまま書き入れて答えましょう。

【　　　　　】が【　　　　　　　】から

【　　　　　】、【　　　　　　】の【　　　】。

(「書きぬき」「ぬき書き」「そのまま」などと指示されている場合は、文中よりさがして、一字一句そのまま書かなければなりません。漢字は漢字、ひらがなはひらがな、カタカナはカタカナのまま。句読点(、。や。)が途中にある場合はそれも書きます。)

「ちがいます、それも ちがいます。一番 大きいのを 出して ください！」

それを 見ていた オオカミたちは、ひつじが もっている あの にもつぶくろの 中は、オオカミの 頭で いっぱいなんだと 思いました。そして オオカミたちは 考えました。

「うーむ、これは ア大変な お客を まねいてしまったようだぞー。イぼく出したほうが よさそうだー。」

まず 一ぴき目の オオカミが 他の オオカミたちに 大声で 言いました。

「兄弟たちよ、わたしは キキちゃん ひつじを かんげいしたいのだが どういう わけか オートミールが ゆが よく にえていないようだ。

課題十三の②【音読書写】　年　月　日

1、32ページの文章を、声を出して読みながら、ノートなどに正しく書き写しましょう。

正しく写せたら色をぬりましょう

課題十三の③【問題演習】　年　月　日

1、32ページ7行目のぼう線ア「大変なお客」とはだれのことですか。

2、32ページ8行目のぼう線イ「にげ出したほうがよさそうだ」とオオカミたちが考えたのはなぜでしょうか。

課題十四の①【十回音読】

わたしは 今すぐ 走っていって、火に 投げ入れる 枝を 取ってこよう。」
 そうして、一ぴき目の オオカミは 立ちさると 考えました。
「ア兄弟たちと 牛と ひつじは どうなっただろう！」
 でも、一ぴき目の オオカミは そのまま 二度と もどってきませんでした。
 つぎに、二ひき目の オオカミは、どうやって にげようか 考え続けました。そして オオカミは 言いました。
「なんだかイとても 変だ。わたしたちの 弟が 枝を 取りに 行ったけれど、兄弟は もどってこない。わたしが 行って、手伝って、枝を 持って もどってこない。」

課題十四の②【音読書写】　　　年　月　日

一、34ページの文章を、声を出して読みながら、ノートなどに、正しく書き写しましょう。

正しく写せたら色をぬりましょう

課題十四の③【問題演習】　　　年　月　日

一、34ページ5行目のぼう線ア「兄弟たち」とはだれのことですか。

二、34ページ12行目のぼう線イ「とても変だぞ。」とありますが、何が「とても変」なのですか。

そうして、二度ともどってきませんでした。
 とうとう、三びき目のオオカミだけが残されてしまいました。そしてついにオオカミは言いました。
「どうやらこれは、わたしが行って兄弟を急がせなければいけないようだ。いったいぜんたい、兄弟らはどうしてこんなにぐずぐずしているんだー!」
 そうしてその場をはなれたかと思うと、三びき目のオオカミも走って立ち去り、後ろをふり返りさえしませんでした。
 彼らはオートミールがゆをたいらげると、走ってその場をさりました。
 それを見たひつじとヤギは喜びました。

課題十五の②【音読書写】

年　　月　　日

１、３６ページの文章を、声を出して読みながら、ノートなどに、正しく書き写しましょう。

正しく写せたら色をぬりましょう

課題十五の③【問題演習】

年　　月　　日

１、３６ページ１１行目のぼう線ア「後ろをふり返りもせしませんでした。」について。

①これはオオカミのどのようなようすを表していますか。

②この時のオオカミの気持ちを考えて答えましょう。

課題十六の① 【十回音読】

　ところで、オオカミたちと 三びき全員 会うことが できました。そして ア彼らは 言いました。

「なんてことだ、どうして わたしたち 三びきが ヤギと ひつじに おびえたんだ？ やつらは 自分たちより これっぽっちも 強くないじゃないか！ ヤギと ひつじを やっつけてしまおう！」

　しかし、オオカミたちが 火の あった 場所に もどってみると、イ彼らの 足あとが わずかに 残っているだけでした。

　それから オオカミたちは ヤギと ひつじを 探しに 出発しました。そして ついに、オオカミたちは 木の 上に 登っている ヤギと ひつじを 見つけました。

色をぬりましょう　読んだ回数まで

① ② ③ ④ ⑤ ⑥ ⑦ ⑧ ⑨ ⑩
⑪ ⑫ ⑬ ⑭ ⑮ ⑯ ⑰ ⑱ ⑲ ⑳

課題十六の②【音読書写】　　　　　　　　　年　月　日

一、38ページの文章を、声を出して読みながら、ノートなどに、正しく書き写しましょう。

正しく写せたら色をぬりましょう

課題十六の③【問題演習】　　　　　　　　　年　月　日

一、38ページ2行目のぼう線ア「彼ら」とはだれのことですか。

二、38ページ10行目のぼう線イ「彼ら」とはだれのことですか。

課題十七の① 【十回音読】

ヤギは 上の方の 枝に、ひつじは 下の方
の 枝に いました。
一番 年上の オオカミは 木の 根元に 横た
わると、彼らを 見上げ すごい 歯を 見せま
した。そして 彼らが おりてくるのを 待ちまし
た。

ひつじは おそろしくて おそろしくて ガタ
ガタ 全身を ふるわせていたのですが、突然 オオ
カミの 真上に ア落っこちて しまったのです。
ところが ひつじが 落ちるのと 同時に、木の
上から ヤギが さけびました。
「イいいぞ、そうっだ！。そうしたら オオカミの
中で 一番 大きいのを、わたしに 持ってこい！」

①②③④⑤⑥⑦⑧⑨⑩
⑪⑫⑬⑭⑮⑯⑰⑱⑲⑳

課題十七の② 【音読書写】　　　　　　年　　月　　日

1、40ページの文章を、声を出して読みながら、ノートなどに、正しく書き写しましょう。

正しく写せたら色をぬりましょう

課題十七の③ 【問題演習】　　　　　　年　　月　　日

1、40ページ9行目のぼう線ア「落っこちてしまった」とありますが、どうしてひつじは、木から「落っこちてしまった」のでしょうか。自分で想像して答えましょう。

```
┌─────────────────────────────────────┐
│                                     │
│                                     │
│                                     │
│                                     │
└─────────────────────────────────────┘
```

2、40ページ12行目のぼう線イ「ここで、そうだ…持ってこよう！」とひつじがきめたのはなぜでしょうか。

```
┌─────────────────────────────────────┐
│                                     │
│                                     │
│                                     │
│                                     │
└─────────────────────────────────────┘
```

課題十八の①【十回音読】

　それを 聞いた オオカミは びっくりしました。なぜなら オオカミは ひつじが 自分を 食べるために 自分の 上に 飛びおりたと 思ったからです。
　そして、おそろしくて たまらなくなりました。オオカミは すぐさま 走って にげました。もちろん 二ひきの オオカミも その あとに ついて にげました。
　ほんとうに おそろしいと 思っていたのは オオカミ ひつじの 方なのに、強い オオカミたちが にげだしてしまったのは、とても ゆかいな ことですね。

　おしまい。

読んだ回数まで色をぬりましょう

M.access　　　　　　　- 42 -　　　　十回音読と音読書写　甲

課題十八の② 【音読書写】　　　年　月　日

１、４２ページの文章を、声を出して読みながら、ノートなどに、正しく書き写しましょう。

正しく写せたら色をぬりましょう

課題十八の③ 【問題演習】　　　年　月　日

１、このお話を読んで、どんな感想を持ちましたか。かんたんにまとめてみましょう。

【問題演習】の解答

9ページ
課題一の③【問題演習】
一 【おんどり】が【小屋】の【かく】の下の【土】を【ひっかいていた】時。
二 例、おんどりが(豆を飲み込もうとして、のどにつまらせて)、息ができなくなって、伸びてひっくり返っている(ようす)。

11ページ
課題二の③【問題演習】
一 例、牛乳にふくまれている脂分を、集めてくる。
昔は、乳を革の袋に入れて、馬などの背中にのせておいて、それがゆすぶられることによって、乳の上に浮いてきた(分離した)ものを集めた。

13ページ
課題三の③【問題演習】
一 例、豆でつまったのどを、すべりやすくして、豆をとるため。
二 例、お腹が空いていて働く元気がないので、干し草を用意するのに、何か食べたかったから。(ので。ため。)

15ページ
課題四の③【問題演習】
一 言葉 例、食べ物を加熱調理する時に、燃やす火を囲うもの。
二 絵

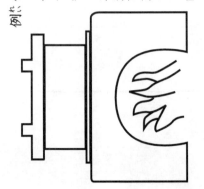 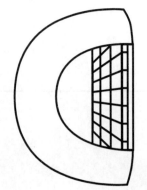

17ページ
課題五の③【問題演習】

1 例）金属を熱して柔らかくして、それをたたいて形をつくり、さまざまな道具にする仕事。

19ページ
課題六の③【問題演習】

1 言葉 例）木などでできた柄（手で持つ所）に、重くて厚い鉄の刃をつけた、物をたたき切るための道具。

絵 例）

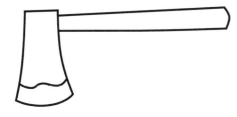

21ページ
課題七の③【問題演習】

1 【山】の斜面などに穴を掘って、そこに短く切った【あ 木 】を入れて下から熱をかけます。【あ】はできるだけ【い 空気 】にふれないようにして熱をかけると、むし焼きといって【あ】の中にある【う けむり 】などの成分だけを逃がしてしまい炭素とよばれる【え 黒 】い成分だけが残ります。これを炭焼きと言います。残った【え】い成分が【お 炭 】です。【あ】をそのまま燃やすと【う】が出ますが、【お】を燃やすと【う】が出ず、炎も上がらず【か 赤 】く光って熱だけ出します。

解答3

23ページ
課題八の③【問題演習】

一 例：（のどをつまらせた）おんどり
　　⇩　　⇧
　　[めうし]
　　⇩　　⇧
　　[お百姓]
　　⇩　　⇧
　　[かまど]
　　⇩　　⇧
　　[きこり]
　　⇩　　⇧
　　[かじや]
　　⇩　　⇧
　　おかみさんが炭を焼く

25ページ
課題九の③【問題演習】

一　男：おかみさん

二　例：自分たちのとうもろこしを食べるばかりで、ちっとも役に立たないから。（ので。ため。）

27ページ
課題十の③【問題演習】

一　例：男

二　例：オオカミたちに食べられないため。（…食べられないように。）

解答4

29ページ
課題十一の③【問題演習】
一 (おどろき、予想外 などの気持ちが書かれていれば○。)
二 次のそば(「次」だけは△)

31ページ
課題十二の③【問題演習】
一 例 オオカミたちに、さきほどひろった「オオカミの頭」を見せて、自分たちの方が強いのだぞと、おどかそうと考えた。
二 【 ひつじ 】が【 にもつぶくろ 】から【 とりだした 】、【 オオカミ 】の【 頭 】。

33ページ
課題十三の③【問題演習】
一 例 ナギとひつじ
二 例 このナギとひつじは、何匹ものオオカミを殺した、とても強いものたちで、自分も殺されるかもしれないとおそれたから。(ので。ため。)

35ページ
課題十四の③【問題演習】
一 例 (残った)オオカミたち
二 例 兄弟(二ぴき目のオオカミ)が、枝を取りに行ったまま、もどってこないこと。

37ページ
課題十五の③【問題演習】
一 例 急いでいるようす。早く走っているようす。など。
二 例 恐ろしくて、一刻も早く、ここから立ちさりたい、という気持ち。(恐ろしい、おびえている、など)

十回音読と音読書写 甲

解答5

39ページ
課題十六の③【問題演習】
一 例：（三びきの）オオカミたち。
二 例：ナキとひつじ

41ページ
課題十七の③【問題演習】
一 例：とても恐ろしくて、体がふるえて力がぬけてしまったから。（ので。ため。）
二 例：こわくてひつじが木から落ちたのではなく、おまえたちをおそうために飛びかかったのだと、オオカミたちに思わせるため。

M.access 学びの理念

☆学びたいという気持ちが大切です
勉強を強制されていると感じているのではなく、心から学びたいと思っていることが、子どもを伸ばします。

☆意味を理解し納得する事が学びです
たとえば、公式を丸暗記して当てはめて解くのは正しい姿勢ではありません。意味を理解し納得するまで考えることが本当の学習です。

☆学びには生きた経験が必要です
家の手伝い、スポーツ、友人関係、近所付き合いや学校生活もしっかりできて、「学び」の姿勢は育ちます。
生きた経験を伴いながら、学びたいという心を持ち、意味を理解、納得する学習をすれば、負担を感じるほどの多くの問題をこなさなくても、子どもたちはそれぞれの目標を達成することができます。

発刊のことば

「生きてゆく」ということは、道のない道を歩いて行くようなものです。「答」のない問題を解くようなものです。今まで人はみんなそれぞれ道のない道を歩き、「答」のない問題を解いてきました。

子どもたちの未来にも、定まった「答」はありません。もちろん「解き方」や「公式」もありません。

私たちの後を継いで世界の明日を支えてゆく彼らにもっとも必要な、そして今、社会でもっとも求められている力は、この「解き方」も「公式」も「答」すらもない問題を解いてゆく力ではないでしょうか。

人間のはるかに及ばない、素晴らしい速さで計算を行うコンピューターでさえ、「解き方」のない問題を解く力はありません。特にこれからの人間に求められているのは、「解き方」も「公式」も「答」もない問題を解いてゆく力であると、私たちは確信しています。

M.accessの教材が、これからの社会を支え、新しい世界を創造してゆく子どもたちの成長に、少しでも役立つことを願ってやみません。

国語読解の特訓シリーズ
シリーズ三十八　十回音読と音読書写　甲　「ロシアのおとぎ話」

初版　第三刷
編集者　M.access（エム・アクセス）
発行所　株式会社　認知工学
〒六○四│八一五五　京都市中京区錦小路烏丸西入占出山町３０８
電話　（○七五）二五六─七七三二　email：ninchi@sch.jp
郵便振替　○一○八○─九─一九三六二二　株式会社認知工学

ISBN978-4-901705-73-8　C-6381　　N380322L　　M

定価＝本体五〇〇円＋税